P.-J. STAHL

L'ÉCOLE BUISSONNIÈRE
ET
SES SUITES

DESSINS PAR G. JUNDT

BIBLIOTHÈQUE
D'ÉDUCATION ET DE RÉCRÉATION
J. HETZEL et Cie, 18, RUE JACOB
PARIS

Tous droits de traduction et de reproduction réservés

L'ÉCOLE
BUISSONNIÈRE

P.-J. STAHL

L'ÉCOLE BUISSONNIÈRE
ET
SES SUITES

DESSINS PAR G. JUNDT

BIBLIOTHÈQUE

D'ÉDUCATION ET DE RÉCRÉATION

J. HETZEL et Cⁱᵉ, 18, RUE JACOB

PARIS

Tous droits de traduction et de reproduction réservés

L'ÉCOLE BUISSONNIÈRE

I

Il est bon d'être gai, surtout quand l'heure de la récréation a sonné. Mais il y a une gaieté qui ne vaut rien, c'est celle qui ne sait rire qu'aux dépens des autres, et qui, trop souvent, s'attaque même à ce qu'on doit respecter. Fritz Jacob l'avait oublié le jour où, dans le but d'amuser les badauds de sa classe, il abusa des dispositions qu'il avait pour le dessin, jusqu'à faire sur un grand mur le portrait du révérend Oberkirch, maître d'école du célèbre village Oberhaus-Bergheim, son maître par conséquent.

Fritz Jacob ignorait sans doute que la loi interdit, sous peine d'amende et de prison, de faire la caricature des personnes sans avoir, au préalable, obtenu d'elles la permission de les tourner en ridicule.

Après sa classe, le révérend Oberkirch avait accoutumé de se promener en lisant beaucoup de grec.

Le hasard de sa promenade l'ayant amené ce jour-là du côté du mur où Fritz Jacob exerçait ses talents, Fritz Jacob, surpris de son apparition imprévue, ne fit qu'un saut du dos du grand Wilhem, qui avait consenti à le lui donner pour échafaud, et la bande coupable, saisie de panique, prit la fuite à la suite de Fritz Jacob, abandonnant sur le terrain du délit armes, bagages et munitions, c'est-à-dire ses livres, ses cahiers, ses ardoises, ses plumes, ses crayons, et même les sacs qui contenaient les tartines et autres provisions de bouche destinées à la fin de la journée.

Étonné de trouver des auteurs classiques et des tartines sous ses pieds, ce qui n'était pas leur place naturelle, le révérend Oberkirch abandonna un instant la lecture du divin Homère pour se demander de quel ciel avaient pu tomber tant de bonnes choses.

Ce fut alors qu'il aperçut sa propre image
sur la muraille.

ET SES SUITES

I

CE FUT ALORS QUE LE RÉVÉREND OBERKIRCH APERÇUT SA PROPRE IMAGE SUR LE MUR

II

Rentré à la maison d'école, le révérend Oberkirch fit subir un interrogatoire sévère aux mains de toute la classe. La plupart de ces mains n'étaient pas, il est vrai, d'une entière blancheur; mais celles de Fritz Jacob étaient toutes noires de charbon.

Le délit était avéré; le coupable, c'était Fritz Jacob!
« La faute a été grave, dit le magister, le châtiment de Fritz Jacob sera exemplaire! »

Fritz, conduit par l'oreille au milieu de la classe, est coiffé du bonnet d'âne! Là, les bras en croix, un lourd dictionnaire sur chaque main, il expie son crime.

Ce qu'il y a de plus pénible pour Fritz Jacob, c'est qu'il peut lire dans l'attitude indifférente de ceux mêmes de ses camarades qui, par leurs rires, l'avaient le plus encouragé dans sa sottise, qu'ils sont d'avis qu'il n'a pas volé sa punition.

« LA FAUTE A ÉTÉ GRAVE, DIT LE MAGISTER, LE CHATIMENT DE FRITZ JACOB SERA EXEMPLAIRE »

III

Cette exécution faite, le bon vieux magister, plus sensible que les polissons qu'il est trop souvent obligé de punir, s'abandonne sur son siège aux plus douloureuses pensées.

« Que deviendra le monde, se dit-il, et en particulier le village d'Oberhaus-Bergheim, si les jeunes générations, sur lesquelles reposent les destinées de l'humanité, perdent tout sentiment de respect pour ceux qui ont reçu de leurs parents la difficile mission de les instruire ? »

Cependant l'incorrigible Fritz Jacob, qui suit d'un œil sournois tous les mouvements de la tête du révérend Oberkirch, ne tarde pas à s'apercevoir que, du recueillement, le révérend est passé à l'assoupissement, et qu'enfin, de l'assoupissement il est tombé dans ce lourd et pénible sommeil qui suit trop souvent les fortes émotions.

Un léger ronflement ayant même averti la classe que l'âme du maître a quitté les tristes réalités de sa profession pour voyager dans le pays des rêves, la sécurité des garnements est désormais complète. Une idée coupable a bientôt germé dans le cerveau de Fritz Jacob. Après avoir commencé par déposer sans bruit son bonnet d'âne sur la chaire du révérend Oberkirch, il donne à tous le signal du départ. En un instant la classe est vide.

La nuit est venue. Le silence s'est fait si profond que les rats et même les souris ont osé s'aventurer hors de leurs trous. L'un d'entre eux s'est même enhardi jusqu'à grimper sur la chaire du révérend Oberkirch, pour se donner le plaisir rare de contempler face à face le crâne vénérable d'un maître d'école endormi.

ET SES SUITES

III

EN UN INSTANT LA CLASSE EST VIDE

IV

Je crois que le révérend Oberkirch dormirait encore, si le cri du veilleur de nuit n'eût fini par le réveiller.

Quelle solitude! et surtout quel silence!... Quoi! déjà la nuit!... Où sont les écoliers? Qu'est-il arrivé?

Après avoir à grand'peine rappelé ses souvenirs, le révérend Oberkirch a tout compris. Confus et humilié, il déplore amèrement cette défaillance involontaire de ses forces. Mais le mal est fait. Il prend le seul parti qu'il ait à prendre, celui de quitter à son tour la maison d'école et de regagner ses pénates à la faveur de l'obscurité.

Quel est l'être étrange qui passe comme une ombre dans les rues sombres d'Oberhaus-Bergheim? Un homme à tête d'âne ou un âne à corps d'homme marche silencieusement dans les ténèbres!!

Jamais prodige pareil n'a frappé les yeux du veilleur de nuit. La lune elle-même est on ne peut plus surprise...

Et que dirait l'univers si l'on venait à savoir que cette tête d'âne est celle de l'homme le plus docte de toute la contrée, celle du révérend Oberkirch, qui, dans son trouble, s'est coiffé du bonnet de punition, laissé perfidement à la portée de sa main par ce polisson de Fritz Jacob!!!

Heureusement, la peur a troublé la vue de Pétrus, le veilleur de nuit, et ne lui a pas permis de reconnaître le magister.

Quant à la lune, c'est la discrétion même; elle gardera le secret du révérend Oberkirch.

ET SES SUITES

IV

JAMAIS PRODIGE PAREIL N'A FRAPPÉ LES YEUX DU VEILLEUR DE NUIT

L'ÉCOLE BUISSONNIÈRE

V

Vous croyez peut-être que, sortis de l'école, les indignes élèves du révérend Oberkirch se sont empressés de rentrer chacun dans sa famille. Abandonnés à leurs seules inspirations ils eussent peut-être pris ce sage parti ; mais, de même qu'il suffit d'une pomme gâtée dans un panier de pommes pour gâter la pannerée, de même aussi il suffit d'un méchant drôle pour gâter toute une école. Fritz Jacob n'avait qu'une idée : entraîner ses camarades dans une école buissonnière monstre.

« L'école buissonnière ! l'école buissonnière ! s'écrie-t-il. C'est bien plus amusant que l'école pas buissonnière. Vive la clef des champs !

— Vive la clef des champs ! » répètent avec lui les petits sots qu'il traîne à sa suite.

Nous verrons ce qu'elle va leur ouvrir, cette fameuse clef des champs, à messieurs les écoliers d'Oberhaus-Bergheim. Ce ne sera toujours pas le paradis.

Et d'abord, leur plaisir commence par une fière peur. Ils n'ont pas fait plus d'un quart de lieue, toujours courant dans la campagne, qu'ils sont pétrifiés tout à coup par l'apparition d'un grand objet très fantastique, que l'agitation de leur conscience leur fait prendre tout d'abord pour l'image gigantesque du révérend Oberkirch.

Mais Fritz Jacob les a bientôt rassurés. « Ce n'est qu'un épouvantail à moineaux. Brûlons-le ; vous allez voir. »

Aussitôt dit, aussitôt fait. La flamme s'élève dans les airs, et la bande des petits démons danse en rond autour de l'innocent autodafé.

ET SES SUITES

V

LA FLAMME S'ÉLÈVE DANS LES AIRS, ET LA BANDE DES PETITS DÉMONS
DANSE EN ROND AUTOUR DE L'INNOCENT AUTODAFÉ

VI

La lueur de la flamme a été aperçue du village voisin. On a cru à un incendie. De toutes parts on accourt. Le capitaine des pompiers, monsieur le maire armé d'une fourche, et madame la mairesse munie d'un gros arrosoir rempli d'eau, le bon et respectable curé lui-même sont les premiers rassemblés sur le lieu du sinistre. Les autorités civiles et militaires se perdent en conjectures! Comment le feu du ciel a-t-il pu tomber sur l'épouvantail à moineaux de maître Nicolas Trautmann, quand personne n'a entendu le tonnerre? Il faut que les lois de la nature soient singulièrement bouleversées pour que, par un temps si calme, un phénomène si étrange puisse se produire.

A la vue de monsieur le maire et du capitaine des pompiers, maître Fritz et ses complices ont compris que ce qui les avait tant amusés ne serait pas du goût de tout le monde, et, se faisant le plus petits possible, ils ont jugé à propos de s'éclipser sans bruit à travers les blés.

ET SES SUITES

VI

LES AUTORITÉS CIVILES ET MILITAIRES SE PERDENT EN CONJECTURES

VII

C'est un difficile métier que celui de chef de bande. Il ne faut jamais laisser à sa troupe le temps de la réflexion et du repentir. Fritz Jacob le sent. Aussi, enhardi par l'impunité, il médite déjà d'entraîner ses compagnons dans un nouveau méfait.

Une occasion se présente, il la saisit.

Madame Nicolas Trautmann cheminait paisiblement dans sa charrette, conduisant son veau au marché voisin. Fritz Jacob l'a aperçue. Son plan est fait et adopté.

Cachés sur le revers de la route, les petits malfaiteurs laissent d'abord passer la voiture. Mais bientôt, débusquant en tapinois de leurs cachettes, ils se suspendent en se faisant le plus lourds qu'ils peuvent à l'arrière-train de la charrette.

Piqué d'honneur par la résistance subite que cette surcharge inattendue lui oppose et aussi peut-être par le coup de fouet que vient de lui allonger sa maîtresse, le cheval de la fermière fait un effort soudain pour prendre le galop.

L'héroïque coup de collier du vieux Coco est si brusque que les garnements surpris par sa violence tombent à plat ventre dans la poussière. D'un autre côté, l'effort de Coco, calculé pour une résistance qu'il ne s'attendait pas à vaincre si vite, a pour résultat une si vive réaction qu'il s'abat. La fermière s'abat aussi, et le veau qui n'avait rien prévu se trouve à son tour, sans savoir comment, les quatre jambes en l'air.

« Rira bien qui rira le dernier, dit la fermière en reconnaissant la cause de sa chute. Ah! ah! mes garçons, nous allons voir! » Et d'un bond elle est déjà sur la grande route à la poursuite des fuyards.

ET SES SUITES

VII

RIRA BIEN QUI RIRA LE DERNIER

VIII

C'est étonnant comme elle court bien, madame Trautmann.

Fritz Jacob ayant eu l'imprudence, pendant que ses camarades décampaient à qui mieux mieux, de l'attendre pour la narguer, madame Trautmann, qui a le jarret solide, a bientôt gagné sur lui pas mal de terrain.

C'est en vain que maître Fritz a pris, comme on dit, ses jambes à son cou, déjà il entend derrière lui les pas de la terrible fermière! Encore quelques enjambées et les deux adversaires seront en présence.

Aïe! un premier coup de fouet aurait-il déjà cinglé les mollets de maître Fritz? Quel saut il vient de faire! jamais, même dans ses jeux, on ne l'avait vu bondir si haut. Décidément elle manie son arme avec talent, madame Nicolas Trautmann, et elle a la main aussi sûre que le pied.

ET SES SUITES

VIII

JAMAIS, MÊME DANS SES JEUX, ON NE L'AVAIT VU BONDIR SI HAUT

IX

Je crois bien qu'un second coup de fouet a touché maître Fritz, et, cette fois, dans un endroit extrêmement sensible de son individu, car, arrêté net dans sa course par la douleur, il semble ne plus songer à rien qu'à frotter de son mieux les parties lésées par le fouet vengeur de la fermière.

Ce temps d'arrêt l'a mis à la merci de son ennemie irritée...

Maître Fritz, comprenant que son affaire est très mauvaise et que l'heure de la forfanterie est passée, tombe à genoux aux pieds de la fermière, dont le bras, prêt à redoubler la correction, était de nouveau levé sur sa tête, et il implore à deux mains une grâce qu'il n'a pas méritée.

« Ta grâce, dit madame Trautmann, je te la donne, mais entre deux gifles, mon garçon. Je serais bien étonnée si je ne te payais pas, en ce moment, d'autres fredaines que celle dont tu as voulu me rendre victime. »

Après ce discours, madame Nicolas Trautmann, qui avait joint le geste à la parole avec une aisance extraordinaire, regagne d'un pas majestueux la route et sa charrette. Elle ne se donne pas même la peine de se retourner pour voir ce que peut faire l'ennemi terrassé et giflé, qu'elle laisse dédaigneusement derrière elle.

ET SES SUITES

IX

« TA GRACE, JE TE LA DONNE, MAIS ENTRE DEUX GIFLES, MON GARÇON »

L'ÉCOLE BUISSONNIÈRE

X

Bientôt on peut voir madame Nicolas Trautmann remonter sur sa charrette, devenue pour elle un char de triomphe, et continuer sa route, riant, à part elle, de l'heureuse issue de l'aventure. Quant au vieux Coco, il est reparti en poussant des hennissements joyeux, comme un bon cheval de bataille qui se rend la justice qu'il n'a pas été pour rien dans la victoire.

Cependant maître Fritz, entendant la voiture s'éloigner, commence à reprendre ses sens.

Mais après la douleur physique vient la douleur morale. Avoir été vaincu, vaincu à la course d'abord et rossé ensuite par une faible femme, cela ne peut pas passer pour un exploit, et c'est dur pour un chef d'insurgés. Tout n'est pas rose dans le métier de coureur de grandes routes et de faiseur de farces. L'école buissonnière aurait-elle ses moments pénibles, comme les autres ?

Heureusement, grâce au renfoncement du terrain qui seul a vu sa défaite, M. Fritz peut espérer que son humiliation restera un secret entre la fermière et lui. Mais, secrète ou non, la honte est la honte, et Fritz Jacob ne peut se le dissimuler.

Il a bien eu un instant l'idée de prendre sa revanche, maître Fritz ; il avait même déjà ramassé une grosse pierre pour venger son affront, mais la prudence l'a retenu, et peut-être bien aussi une bonne pensée, car quelque chose dit toujours à ceux mêmes que le mal semble le plus emporter, que ce n'est pas réparer un tort que de l'aggraver.

Toujours est-il que maître Fritz, reconnaissant qu'il ne peut plus songer qu'à rejoindre ses camarades, je pourrais dire ses complices, dans la vigne du père Muller où il avait été convenu que les fuyards devaient se réunir, s'en va clopin-clopant et l'oreille basse.

ET SES SUITES

MAITRE FRITZ, ENTENDANT LA VOITURE S'ÉLOIGNER,
COMMENCE A REPRENDRE SES SENS

XI

Fritz s'était promis de donner le change à ses amis sur sa mésaventure quand, les ayant rejoints, ils lui feraient des questions. Mais les ingrats avaient bien autre chose à faire que de s'occuper de ce qui avait pu lui arriver. Il les trouva en pleine vendange. Il paraît que le raisin du père Muller n'avait pas son pareil.

Aux éloges qu'il en entend faire, maître Fritz oublie tout, sinon qu'au point de vue du rafraîchissement, une bonne grappe de raisin vaut cent fois mieux que deux coups de fouet complétés par deux gifles. Hurrah ! Les maraudeurs sont à l'œuvre, il s'y met avec eux ! à sac le vignoble du pauvre père Muller !

Mais... les pillards avaient compté sans la justice de Dieu et celle des hommes, généralement représentées dans les campagnes par des gardes champêtres qui ne sont pas commodes.

Celui de la commune n'était pas loin. Dérangé de son somme (les gardes champêtres ne dorment jamais que d'un œil) par les cris imprudents des petits dévastateurs, prompt comme la foudre, il s'est levé du sillon où il faisait sentinelle et il est tombé au milieu d'eux, le sabre à la main !

Acculés à la rivière, les enfants coupables n'ont plus qu'une ressource, c'est de mettre entre eux et l'autorité la rivière, et de la traverser à la nage ; — peut-être que le garde champêtre aura peur de se mouiller.

A leur grande joie, le garde champêtre, debout sur l'autre rive, les laisse faire.

Je ne suis pas aussi rassuré qu'eux. S'il n'agit pas, c'est qu'il a son idée, le garde champêtre ; c'est qu'il sait que des galopins transis et mouillés jusqu'aux os ne peuvent pas aller loin. Sûr qu'il est donc de les *repincer* quand le moment lui paraîtra opportun, il se donne le plaisir de les contempler se livrant au plaisir forcé de la natation. Il n'est pas assez sot, le garde champêtre, pour aller chercher dans l'eau le gibier qu'il est sûr de retrouver tout à l'heure sur l'autre rive, sans même mouiller la semelle de ses souliers ferrés.

ET SES SUITES

LES ENFANTS COUPABLES N'ONT PLUS QU'UNE RESSOURCE, C'EST DE METTRE LA RIVIÈRE ENTRE EUX ET L'AUTORITÉ

XII

La vérité est que le garde champêtre savait bien qu'il n'avait qu'à traverser un pont, que les fuyards ne connaissaient pas, pour les rejoindre. Il les a donc laissés débarquer, et dans quel état, grand Dieu! Quelques-uns s'efforcent encore de faire bonne contenance, mais, au fond, le plus crâne ne se sent pas très à son aise. Faire le métier de grenouille, plonger au milieu d'elles dans des ravins vaseux, ce n'est pas le comble du bonheur, non, non, surtout quand on a un garde champêtre armé d'un grand sabre, à ses trousses.

Le garde champêtre, ah! le garde champêtre!!! Fritz Jacob, épuisé par sa rencontre avec la fermière, traîne beaucoup la jambe; — il me paraît le plus menacé.

ET SES SUITES

FRITZ JACOB ME PARAIT LE PLUS MENACÉ

XIII

Les camarades de Fritz Jacob sont déjà loin, — pas un n'a songé à l'aider, chacun ne pense qu'à soi dans une débandade pareille. Ils ignorent d'ailleurs ses malheurs; qui pourrait supposer que le fameux Fritz Jacob est éclopé, à bout de force, et qu'il ne sera pas, comme toujours, le premier à se tirer d'affaire!

La bande est arrivée dans un fourré, le garde champêtre a disparu, on commence à respirer.

Le grand Wilhem émet son avis : « Ramassons du bois mort, allumons du feu et séchons nos habits. Si nous rentrions chez nous tout mouillés, que diraient nos parents? »

A cette pensée un frisson pire que celui du froid, le frisson de la peur, et peut-être aussi du remords, fait trembler les plus intrépides.

La flamme, attisée par le souffle du grand Wilhem, commence à mordre sur le bois; déjà quelques-uns se sont déshabillés et s'apprêtent à faire sécher leurs pantalons. Laissons-les jouir de ce moment de répit. — Mais où est Fritz Jacob? — Le garde champêtre, n'ayant que deux mains, n'a pas songé à faire dix prisonniers; il n'en fera qu'un, mais son choix est fait : c'est maître Fritz qui sera sa victime, et c'est bien juste qu'il paye pour les autres, celui qui les a entraînés à mal faire.

C'est au moment où, sorti à grand'peine du ravin, et après s'être débarrassé de sa veste rendue trop pesante par l'eau et la boue, que le malheureux Fritz se sent tout à coup appréhendé, au plus épais du taillis, par le fond même de son pantalon, comme par une main de fer. C'en est fait de lui.

Abandonnant le menu fretin de la bande à son malheureux sort, le garde champêtre, qui sait qu'il tient un général en chef par l'oreille (cette seconde façon de tenir son prisonnier lui a paru plus commode), se dirige avec sa prise sur le village.

ET SES SUITES

XIII
FRITZ SE SENT TOUT A COUP APPRÉHENDÉ

XIV

Suivons donc d'abord maître Fritz.

Ramené à son père par la force publique dans le plus piteux état, dégouttant d'eau, à demi nu, les cheveux collés sur le visage, son ami Médor refuse lui-même de reconnaître son jeune maître dans ce petit polisson dépenaillé, et se jette sur lui en aboyant, comme sur un malfaiteur. Ses petites sœurs et son petit frère, ébahis, se retranchent les uns derrière les autres à la vue de ce malotru tout mouillé; son père, les bras levés au ciel, se demande ce qu'il a fait à Dieu pour qu'il lui ait été infligé d'avoir pour fils un pareil garnement, — et sa mère, sa pauvre mère, qui est un peu vive, apparaît sur le seuil de la porte, armée de son balai.

Pendant que le garde champêtre raconte au père de Fritz les méfaits de son fils, où et comment il l'a trouvé, et ceci et cela... la mère de Fritz, qui est sortie de la maison, a, d'un geste énergique, indiqué à monsieur son fils qu'il eût à rentrer. — Il n'est que trop clair qu'elle ne tardera pas à l'y rejoindre.

Grand Dieu! que va-t-il se passer dans cet intérieur désolé?

ET SES SUITES

XIV

GRAND DIEU! QUE VA-T-IL SE PASSER DANS CET INTÉRIEUR DÉSOLÉ?...

XV

Nous savons que Fritz est en sûreté, abandonnons-le donc où il est et revenons à ses compagnons, que nous avons laissés dans la forêt essayant de se réchauffer et de sécher leurs habits au feu allumé par Wilhem.

Leur repos ne pouvait manquer d'être troublé. L'un d'eux a fini par apercevoir, au haut du ravin, un homme à mine farouche qui semblait les observer. « C'est sans doute le garde champêtre, se sont dit les malheureux, — sauvons-nous! » et dans leur effroi, ils ont repris leur course haletante.

Ils courent, courent, courent toujours!!! La nuit est venue, le froid aussi; le garde, toujours le garde! Ils croient, au moindre bruit, l'entendre sur leurs talons. Dans leur effroi, tantôt ils le voient embusqué derrière chaque rocher, tantôt ils l'entendent comme s'il était à un pas d'eux, tantôt ils s'imaginent l'entrevoir au sommet des montagnes, leur lançant des regards sinistres, leur barrant le passage et prêt à les massacrer tous...

Le grand Wilhem, qui depuis la disparition de Fritz a pris le commandement de la bande, n'est pas plus rassuré que les autres; à chaque instant il s'arrête, les bras étendus et comme terrifié par quelque vision effroyable. La peur est contagieuse : à la moindre hésitation de Wilhem, toute la troupe, éperdue, s'arrête aussi, frappée d'épouvante.

Comme de juste, à chaque alerte c'est un concert de malédictions contre maître Fritz, duquel ils se croient lâchement abandonnés, après qu'il les a mis dans le terrible embarras où ils se trouvent.

ET SES SUITES

TOUTE LA TROUPE, ÉPERDUE, S'ARRÊTE AUSSI, FRAPPÉE D'ÉPOUVANTE

XVI

Cependant la lune se lève, mais qu'il est froid et dur, son pâle et sévère visage.

Les oiseaux de nuit, troublés dans leur solitude, tournoient dans l'air au-dessus de la tête des fugitifs en poussant leurs funèbres cris. Bientôt un brouillard épais enveloppe les petits malheureux. Ils ne s'apparaissent plus à eux-mêmes, à travers les lueurs blafardes de la nuit, que comme des ombres.

Les lapins de la forêt, voyant passer cette troupe effarée, se cachent derrière les troncs d'arbres et se demandent, dans leur stupeur, ce qui a pu arriver à ces enfants des
hommes, pour qu'ils soient plus effrayés
encore qu'eux-mêmes.

ET SES SUITES

XVI
BIENTOT UN BROUILLARD ÉPAIS ENVELOPPE LES PETITS MALHEUREUX

XVII

Décidément ils sont égarés; Wilhem a été obligé de déclarer qu'il ne reconnaît plus sa route. Dans quelle partie de l'immense forêt Noire sont-ils? il l'ignore. Les petits malheureux trébuchent à chaque pas dans des fondrières et se traînent presque à quatre pattes dans les roches qui, en croulant sous leurs pieds, font de chacun de leurs pas une douleur. Pour comble de misère, ils ne peuvent se dissimuler qu'ils sont encore épiés et traqués. Il ne s'agit plus du garde champêtre seulement, c'est bien pis : des têtes aux regards farouches ont apparu à quelques-uns d'entre eux, disparaissant un instant pour reparaître à quelques pas plus loin... Non, non, ce ne sont pas les fantômes de la peur, c'est une réalité terrible qui les menace, il n'y a plus à en douter!

Car une des ombres s'est dressée sur les racines d'un arbre immense, armée d'un énorme gourdin, et une voix formidable leur a crié : « Que personne ne bouge!... »

Il n'y a plus à en douter, ils sont tombés au milieu d'un repaire de bandits! Que ne donnerait pas le plus endurci d'entre eux pour être dans la maison paternelle? Se retrouver sur les bancs de la maison d'école ne serait-il pas le bonheur suprême?

Regrets superflus, il est trop tard!

ET SES SUITES

XVII

IL N'Y A PLUS A EN DOUTER, ILS SONT TOMBÉS AU MILIEU
D'UN REPAIRE DE BANDITS!

XVIII

A demi morts d'effroi, tremblants comme des feuilles, les élèves du révérend Oberkirch sont entraînés jusqu'au camp des bandits. C'en est fait d'eux, sans doute. Les plus étourdis recommandent leur âme à Dieu.

Une vieille femme aux longs cheveux flottants, drapée dans de sinistres haillons, les accueille par des cris sauvages. Chose étrange, elle paraît être le chef de la bande.

Les brigands se parlent dans une langue inconnue; mais, aux regards sinistres qu'ils jettent sur leurs prisonniers, il n'est que trop clair qu'ils délibèrent sur le sort qui va leur être réservé et que ce sort ne sera pas couleur de rose.

Et d'abord, il paraît que messieurs les bandits ne sont, pas plus que d'autres, d'humeur à nourrir personne à ne rien faire. En attendant qu'ils prennent un parti définitif, il faudra que leurs captifs commencent par gagner le morceau de pain qui leur sera jeté.

L'un des bandits s'est chargé de faire leur éducation à coups de trique. Ils n'ont jamais fait de paniers, ils en feront : la trique du bandit trouvera bien le secret de les initier aux difficultés de cette intéressante fabrication.

Ah! révérend Oberkirch, qu'elle était douce votre verge qui menaçait souvent et ne frappait jamais, comparée au lourd bâton de houx qui, dans les mains du bandit, a pour fonction de guider les timides essais de vos anciens élèves.

ET SES SUITES

XVIII

MESSIEURS LES BANDITS NE SONT, PAS PLUS QUE D'AUTRES,
D'HUMEUR A NOURRIR PERSONNE A NE RIEN FAIRE

XIX

Trois jours et trois nuits, plus terribles que les jours peut-être, se sont passés dans ce dur esclavage. Ce matin, les bandits, en rond autour d'un grand plat rempli de viandes fumantes, procèdent aux apprêts d'un énorme festin.

Pour n'avoir pas à surveiller leurs prisonniers et afin de pouvoir déjeuner tranquillement, les brigands ont imaginé d'attacher leurs petits esclaves chacun à un arbre. Outre qu'ils sont exténués, les malheureux enfants sont demi-nus ; ce qui leur restait de vêtements leur a été enlevé et a été distribué aux enfants des bandits.

Le fumet des viandes rôties qui vont composer le repas des malfaiteurs vient jusqu'à eux, mais ils savent qu'ils n'en auront pas un morceau, pas même un os. La vue de ce festin aiguise encore leur faim inassouvie. Wilhem a les dents longues d'une aune.

Leurs barbares maîtres boivent et mangent comme des ogres. Le grand Wilhem remarque avec satisfaction qu'ils sont plus intempérants encore qu'à l'ordinaire ; les bouteilles, les cruchons se succèdent avec une étonnante rapidité. Ils crient, ils chantent, ils hurlent. S'ils pouvaient arriver à l'ivresse, si après l'ivresse le sommeil pouvait s'emparer d'eux...

Wilhem est si maigre qu'il sent bien qu'en s'écorchant un peu la peau il pourrait se dégager des liens qui le serrent à l'arbre, et glisser comme une anguille entre les cordes dont il est entouré. Il se dit qu'une fois dégagé, il pourrait peut-être délivrer ses compagnons, qu'il serait peut-être possible alors de gagner le fourré et de sauter sur le dos de l'âne et du cheval dont se compose la cavalerie des bandits. — Sans doute à cela ils risquent tous leur vie, — mais plutôt la mort qu'un pareil esclavage !

Ce que Wilhem considérait comme un rêve impossible à réaliser, — l'intempérance des bandits l'a rendu praticable. — Pendant que la bande est plongée dans le sommeil abrutissant de l'ivresse qui suit les excès, il a accompli son hardi projet. Ma foi, bravo pour Wilhem ! Lancés au galop, quelques-uns de ses compagnons et lui disparaissent, sans que les bandits aient soupçonné leur évasion. La forêt fuit derrière eux, — l'espoir est rentré dans leur cœur.

ET SES SUITES

XIX

PLUTOT LA MORT QU'UN PAREIL ESCLAVAGE

XX

Mais les suites d'une faute sont incalculables ; les coupables ne sont pas au bout de leurs mésaventures.

A peine sortis de la forêt, ils sont arrêtés une fois encore, et cette fois par des gendarmes...

Des enfants courant à travers la campagne, nus comme la main, des gendarmes ont bien le droit de ne pas trouver cela très naturel.

« Vos papiers, leur crient les représentants de l'ordre public, vos papiers !... »

Leurs papiers !!!

Est-ce qu'ils ont des papiers, les malheureux ! on ne prend pas ses passeports pour faire l'école buissonnière.

Mais, exténués comme ils le sont par le froid, la faim, la fatigue de cette folle équipée, ils en auraient qu'ils seraient encore incapables de répondre à cette injonction ou à aucune autre.

« Vous n'avez pas de papiers, pour lors vous n'êtes pas en règle ; au nom de la loi, je vous arrête, » s'écria le chef des gendarmes.

Et sans pitié pour leur faiblesse, convaincu qu'il a devant lui des drôles de la pire espèce, des voleurs de chevaux, d'ânes et de grand chemin pour le moins, il fait mettre pied à terre à Wilhem et à son camarade pour le mettre hors d'état de fuir, et enfourche sa monture.

La chose faite :

« En avant, marche ! » crie-t-il à son camarade. Et la caravane se dirige du côté d'Oberhaus-Bergheim.

Que vous dirai-je ! c'est dans cet équipage que, plus morts que vifs, le grand Wilhem et les trois camarades, qui avaient pu s'évader avec lui, font leur rentrée dans le village qui les a vus naître.

Quelle rentrée !

ET SES SUITES

XX

« VOUS N'AVEZ PAS DE PAPIERS, AU NOM DE LA LOI, JE VOUS ARRÊTE »

XXI

Quand les habitants d'Oberhaus-Bergheim virent défiler leurs enfants dans ce pitoyable état, quand Wilhem et ses compagnons leur eurent fait le récit de leur captivité dans la forêt, la pitié l'emporta sur la colère. Chacun sentit qu'ils avaient été assez punis et que la leçon était égale à la faute; mais les élèves de maître Oberkirch n'étaient pas au complet, il en manquait plusieurs à l'appel, qui n'avaient pu suivre Wilhem et ses trois camarades dans leur évasion : les plus petits et les moins coupables. On ne pouvait abandonner ainsi aux bandits de la forêt la fleur de la jeunesse d'Oberhaus-Bergheim.

Il n'y eut bientôt qu'un cri parmi les parents : « Allons les délivrer! » Une expédition fut décidée dont le but était de purger la forêt des scélérats qui l'infestaient; une levée en masse de toute la population virile d'Oberhaus-Bergheim se fit spontanément, et l'expédition, commandée par les gendarmes et guidée par Wilhem et le bon magister, eut un plein succès. Les trois quarts des bandits furent taillés en pièces.

ET SES SUITES

XXI
L'EXPÉDITION EUT UN PLEIN SUCCÈS

XXII

Ce qui en resta fut ramené, aux acclamations de toute la cité, dans les prisons d'Oberhaus-Bergheim.

Il nous reste à dire que, la maison d'école s'étant rouverte bientôt, le révérend Oberkirch n'eut jamais d'élèves plus zélés que ceux mêmes qui avaient fait partie de l'escapade de Fritz Jacob et du grand Wilhem, et que Fritz et Wilhem repentants furent les premiers à donner le bon exemple.

Quoique cette histoire se soit passée il y a longtemps, jamais, au grand jamais, aucun élève du révérend Oberkirch ou de ses successeurs n'eut plus la fantaisie de tâter de l'école buissonnière. Fritz Jacob, Wilhem et leurs camarades sont aujourd'hui de bons et sages pères de famille.

Fritz Jacob, poussé par sa vocation, qui était irrésistible, est devenu un peintre fort distingué. Il ne se peint pas un jambon sur l'enseigne d'une restauration, à six lieues à la ronde, qui ne soit signé de son nom. Quant à Wilhem, les leçons des bandits de la forêt ne lui ont pas été inutiles; il est à la tête d'une fabrique de ces jolis paniers de la forêt Noire qui sont si recherchés.

Quand les écoliers de la ville se rassemblent tous les matins sur la grande place d'Oberhaus, accourant de tous les villages d'alentour, et qu'ils se mettent en rang, comme c'est l'usage dans toute l'Allemagne, pour entrer bien en ordre à l'école, maître Fritz Jacob et le grand Wilhem ne manquent jamais d'adresser aux écoliers, parmi lesquels ils ont des enfants et des petits-enfants, ces sages paroles : « Mes enfants, la meilleure école est celle qui n'est pas buissonnière. — Sur ce point, vous pouvez vous en rapporter à Fritz Jacob et à Wilhem ! » Et les enfants, qui savent l'histoire que nous venons de mettre sous vos yeux, baissent tous la tête en signe qu'ils comprennent bien ce que ces paroles veulent dire.

FIN

ET SES SUITES

XXII
CE QUI RESTA DE BOHÉMIENS FUT RAMENÉ DANS LES PRISONS D'OBERHAUSS.
LE RÉVÉREND OBERKIRCH N'EUT JAMAIS D'ÉLÈVES PLUS ZÉLÉS QUE CEUX MÊME
QUI AVAIENT FAIT PARTIE DE L'ESCAPADE

PARIS. — TYPOGRAPHIE MOTTEROZ, RUE DU FOUR, 51 bis.

J. HETZEL & Cie, 18, rue Jacob. — PARIS.

Les Nouveautés pour 1881 sont marquées d'une *.

Bibliothèque illustrée de Mademoiselle Lili et de son cousin Lucien.

88 ALBUMS STAHL.

Albums en 3, 7, 8, 9 et 12 couleurs, dessins de FRŒLICH, GEOFFROY, MATTHIS, etc.

PRIX : Cartonnés, 1 fr. 50 ; Reliés, 3 fr.

*COMPÈRE GUILLERI, 8 planches.	GIROFLÉ, GIROFLA, 8 planches.
*MADEMOISELLE SUZON, 8 planches.	LE POMMIER DE ROBERT, 8 planches.
*LA LEÇON D'ÉQUITATION, 8 planches.	LA BRIDE SUR LE COU, 8 planches.
LA MÈRE MICHEL, 8 planches.	LA TOUR, PRENDS GARDE, 8 planches.
MADEMOISELLE FURET, 8 planches	MALBROUGH S'EN VA-T-EN GUERRE, 8 planches
GULLIVER, 8 planches.	LA BOULANGÈRE A DES ÉCUS, 8 planches.
LA MARMOTTE EN VIE, 8 planches.	LE CIRQUE A LA MAISON, 8 planches.
MÉTAMORPHOSES DU PAPILLON, 8 pl.	IL ÉTAIT UNE BERGÈRE, 8 planches.
DON QUICHOTTE, 8 planches.	LE MOULIN A PAROLES, 8 planches.
LA PÊCHE AU TIGRE, 8 planches.	MONSIEUR CÉSAR, 12 planches.
NOUS N'IRONS PLUS AU BOIS, 8 planches.	HECTOR LE FANFARON, 8 planches.
MONSIEUR DE LA PALISSE, 8 planches.	CADET ROUSSEL, 8 planches.
MONSIEUR DE CRAC, 8 planches.	AU CLAIR DE LA LUNE, 8 planches.
LE ROI DAGOBERT, 8 planches.	

JEAN LE HARGNEUX, 16 planches, par FRŒLICH . . . . Cart. 2 fr. — 3 fr. 50 rel.
HISTOIRE D'UN AQUARIUM ET DE SES HABITANTS, texte par VAN BRUYSSEL, 8 dessins par RIOU . . . . Cart. 5 fr. — 7 fr. 50 rel.

PREMIER ET SECOND AGES — JEUNES FILLES — JEUNES GARÇONS.

PRIX : Cartonnés, 3 fr ; Reliés, 5 fr.

DESSINS DE FRŒLICH.

*Le 1er Chien et le 1er Pantalon . . .	24 dessins.	Mademoiselle Lili aux Eaux . . .	24 dessins.
La Crème au Chocolat . . .	24 —	Cerf-Agile . . .	23 —
Monsieur Jujules à l'École . . .	24 —	L'A perdu de Mademoiselle Babet . . .	24 —
La Salade de la grande Jeanne . . .	24 —	La Grammaire de Mlle Lili (J. MACÉ) . . .	24 —
Alphabet de Mademoiselle Lili . . .	30 —	Bonsoir, petit Père . . .	24 —
Arithmétique de Mademoiselle Lili . . .	38 —	Caprices de Mauette (DE CHENNEVIÈRES) . . .	24 —
Les Commandements du Grand-Papa . . .	32 —	La Journée de Mademoiselle Lili . . .	24 —
Le petit Diable . . .	33 —	Mademoiselle Lili à la Campagne . . .	27 —
Monsieur Toc-Toc . . .	26 —	Le 1er Cheval et la 1re Voiture . . .	24 —
Les 1res Armes de Mademoiselle Lili . . .	25 —	L'Ours de Sibérie . . .	24 —

DESSINS DE FROMENT.

La petite Devineresse . . . 24 dessins. | Histoire d'un Pain rond . . . 34 dessins. | La Boîte au Lait . . . 24 dessins.

DESSINS DE G. FATH.

La Famille Gringalet . . .	24 dessins.	Jocrisse et sa Sœur . . .	24 dessins.
Pierrot à l'École . . .	33 —	Les Méfaits de Polichinelle . . .	32 —

DESSINS DE PIRODON.

*La Pie de Marguerite . . . 24 dessins. | Histoire d'un Perroquet . . . 24 dessins. | Histoire de Bob aîné . . . 32 dessins.

COINCHON. — Histoire d'une Mère . . .	25 dessins.	LANÇON. — Caporal, Chien du Régiment . . .	24 dessins.
DETAILLE. — Les bonnes Idées de Mlle Rose . . .	24 —	A. MARIE. — Le petit Tyran . . .	24 —
GEOFFROY. — *Le Paradis de M. Toto . . .	24 —	MÉAULLE. — Petits Robinsons de Fontainebleau . . .	24 —
JUNDT. — *L'École buissonnière et ses suites . . .	24 —	TH. SCHULER. — Les Travaux d'Alsa . . .	24 —
LALAUZE. — Le Rosier du petit Frère . . .	24 —	VALTON. — Mon petit Frère . . .	24 —
E. LAMBERT. — Chiens et Chats . . .	24 —		

Albums gr. In-8°. — PRIX : Cartonnés, 5 fr. ; Reliés, 7 fr. 50.

DESSINS DE FRŒLICH.

Monsieur Jujules . . .	43 dessins.	Petites Sœurs et petites Mamans . . .	49 dessins.
Le Royaume des Gourmands . . .	48 —	Mademoiselle Mouvette . . .	49 —
Voyage de Mlle Lili autour du Monde . . .	49 —	La Révolte punie . . .	45 —

Voyage de Découvertes de Mademoiselle Lili . . . 49 dessins.

DESSINS DE GRISET.

Aventures de trois vieux Marins . . . 38 dessins. | Pierre le Cruel . . . 35 dessins.

DESSINS DE FROMENT.

La belle petite Princesse Ilsée . . . 44 dessins. | La Chasse au Volant . . . 45 dessins.
CHAM . . . L'Odyssée de Pataud . . . 100 dessins.
TH. SCHULER . . . Le 1er Livre des petits Enfants . . . 32 —

Vol. gr. In-16. — PRIX : Brochés, 2 fr. ; Toile, 3 fr.

PETITE BIBLIOTHÈQUE BLANCHE (1er Age).

BAUDE. — Mythologie de la Jeunesse.	LACOME. — La Musique en famille.
CHAZEL (Prosper). — *Riquette.	LEMOINE. — La Guerre pendant les vacances.
DEVILLERS. — Les Souliers de mon voisin.	LEMONNIER. — Bébés et Joujoux.
DICKENS (Ch.). — L'Embranchement de Mugby.	MUSSET (P. DE). — Mr le Vent et Mme la Pluie.
DUMAS (A.). — La Bouillie de la comtesse Berthe.	NODIER (Ch.). — *Trésor des Fèves et Fleur des Pois.
FEUILLET (Octave). — La Vie de Polichinelle.	OURLIAC (E.). — Le prince Coqueluche.
GÉNIN (M.). — Le petit Tailleur Bouton.	SAND (George). — *Gribouille.
GOZLAN (Léon). — *Le prince Chènevis.	STAHL (P.-J.). — L. Aventures de Tom Pouce.
LA BÉDOLLIÈRE (DE). — Histoire de la mère Michel et de son Chat.	VAN BRUYSSEL. — Les Clients d'un vieux potier.

MAGASIN ILLUSTRÉ D'ÉDUCATION ET DE RÉCRÉATION
COURONNÉ PAR L'ACADÉMIE FRANÇAISE.

DIRECTEURS : JEAN MACÉ, P.-J. STAHL, JULES VERNE.

Abonnement d'un an : Paris, 14 fr. ; Départements, 16 fr. ; Union postale, 17 fr.

CHARTRES. — IMPRIMERIE ÉDOUARD GARNIER.

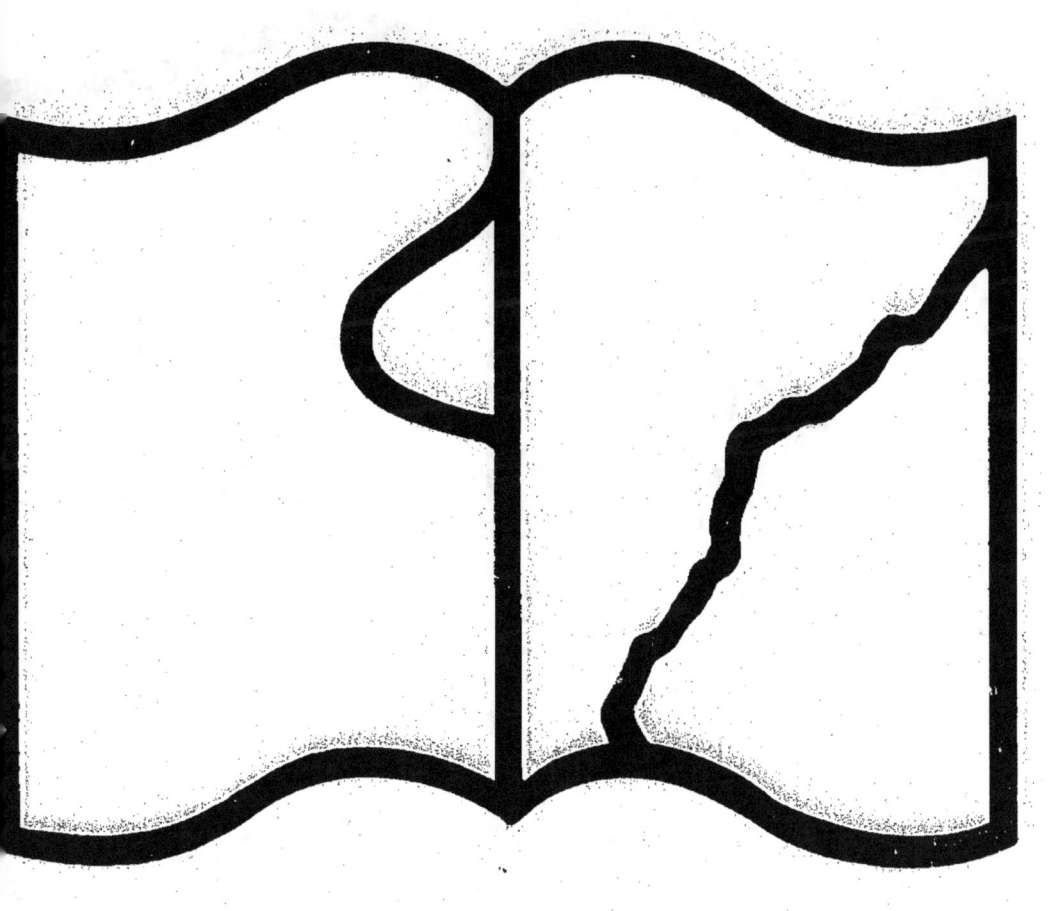

Texte détérioré — reliure défectueuse

NF Z 43-120-11

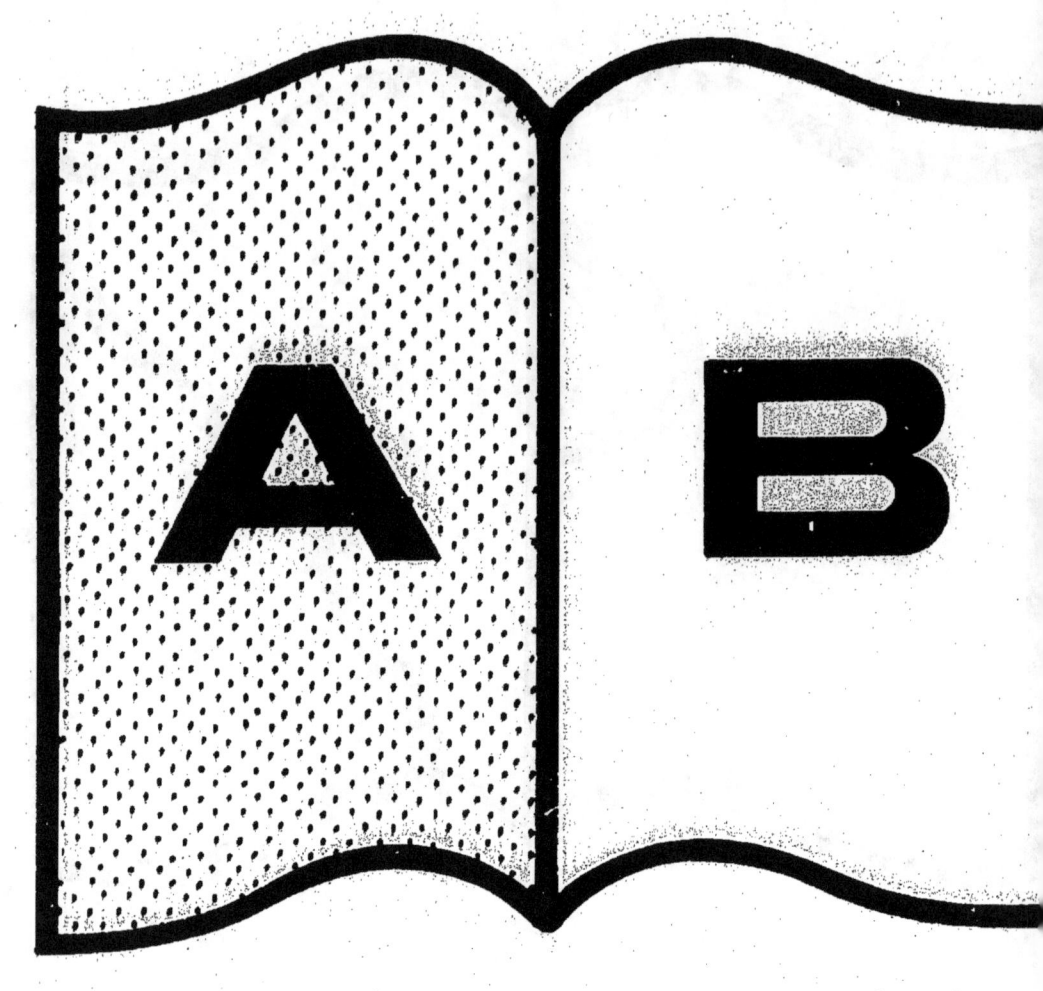

Contraste insuffisant

NF Z 43-120-14

www.ingramcontent.com/pod-product-compliance
Lightning Source LLC
LaVergne TN
LVHW050305090426
835511LV00039B/1510